C'est moi
qui lis

Anna Nas embrasse Alexandre

Un cours des plus farfelus
raconté par Wolfram Hänel
et illustré par Christa Unzner
Traduction de Michelle Nikly

Éditions Nord-Sud

Loi n° 49-956 du 16 juillet 1949 sur les publications destinées à la jeunesse
Dépôt légal: 3e trimestre 1998
ISBN 3 314 21156 2

Depuis qu'Anna Nas est arrivée
à l'école, rien n'est plus comme avant.
Tout est chamboulé, tout le temps.
Du coup, on ne s'ennuie plus
une seule minute. Même pas en maths.
Il n'y a que la maîtresse qui, parfois,
ne sait plus trop si elle doit rire
ou bien pleurer.

Charlotte et Eugénie trouvent
Anna absolument géniale.
Alors elles font tout comme elle:
elles mettent par exemple
une botte en caoutchouc au pied
gauche, et juste une chaussette
rouge au pied droit.
Exactement comme Anna Nas.

Tous les garçons sont un peu
amoureux d'elle. Du moins,
c'est ce que prétend Charlotte.
«Et comment tu sais ça?»
demande Anna Nas.

«Ça se voit, dit Charlotte.
Julien ne tape plus sur la tête
de Matthieu avec sa règle.
Quant à Matthieu, il n'arrête pas
de faire des grimaces.»

«Et Alexandre, alors?» questionne Anna Nas.
«Alexandre? C'est vrai qu'il n'a pas changé, constate Charlotte. Mais lui de toute façon, il est amoureux d'Eugénie.»
«De moi? s'écrie Eugénie, indignée. Tu dérailles complètement!»
«Alors pourquoi est-ce qu'il t'écrit sans arrêt des mots d'amour?» demande Charlotte.

«Il pourrait être amoureux de l'empereur de Chine, ça m'est bien égal», déclare Anna Nas.

Ensuite, Anna Nas montre à Charlotte
et Eugénie comment on enfile
un ballon sur le robinet du lavabo.
Puis elle ouvre le robinet.
Le ballon grossit, grossit – et il éclate
en éclaboussant partout.
«Je le connaissais déjà, ton truc»,
dit Alexandre, mais Anna Nas
fait celle qui n'entend pas.

«Qu’est-ce qui se passe ici?» demande la maîtresse qui patauge dans une flaque d’eau en entrant dans la classe.
«C’est un nouveau test pour voir si les bottes sont vraiment plus étanches que les chaussettes», explique Anna.

Puis elle bondit et fait le poirier en s'écriant: «L'école, c'est fait pour rigoler, pas vrai?»
Et elle se met à citer toutes les villes qu'elle connaît. Mais à l'envers, bien entendu: SIRAP pour Paris, NILREB pour Berlin, EMOR pour Rome.

Naturellement, Charlotte et Eugénie font elles aussi le poirier. Charlotte réussit même à dire «GRUOBSARTS» pendant que Julien s'égosille: «Attention, je vais faire un salto!» et il grimpe sur la table.

Juché sur une chaise, Matthieu danse sur un pied tout en essayant de toucher son nez avec le bout de sa langue.

Il n'y a qu'Alexandre qui ne bouge pas.
«Faire trop de sport, ça donne des boutons», dit-il tranquillement.
«De toute façon, nous n'avons pas gymnastique mais mathématiques maintenant, déclare la maîtresse. Alors, que chacun regagne sa place!»
«D'accord, chef, dit Anna Nas, mais j'espère qu'on ne va pas s'ennuyer!»

«Certainement pas», dit la maîtresse. Elle distribue un paquet de fiches sur lesquelles sont notés des problèmes de calcul: sept fois trois, quatre fois neuf et d'autres choses du même style. «Vous avez des problèmes? Moi pas! s'écrie Anna Nas, en alignant aussitôt les chiffres. Ça va aller vite.»

«Fini!» s'exclame-t-elle.
Puis elle plie sa fiche pour en faire un avion qu'elle lance à travers la classe.

«Bien, voyons ça», dit la maîtresse
en dépliant calmement la fiche,
comme s'il était tout à fait normal
que la solution des problèmes
lui arrive par avion.
«Sept fois trois font donc… 49?
Et quatre fois neuf… 822!»
Elle en reste ébahie.
«Ça fait 21 et 36!» corrige Alexandre
du fond de la classe.

49-73=
88+?
43+

«En calcul, j’ai toujours tout faux de toute façon, se défend Anna Nas. Alors autant écrire tout de suite n’importe quoi…»

«C'est tout à fait juste!» dit Charlotte.
«Et beaucoup plus rapide», poursuit Eugénie.

«C'est sûr, ajoute Matthieu, et si on fait tous la même chose, il nous restera encore assez de temps pour une bataille d'avions avant la récré!»
«Ils vont me rendre folle!» murmure la maîtresse.
Mais, heureusement, la cloche sonne.
Tout le monde se précipite dans la cour.

Pendant la récréation, Anna Nas essaie d'apprendre à Julien tous les secrets du salto. Mais Julien s'y prend plutôt mal et retombe sur la tête.

«Ça ne fait rien, dit Anna Nas, j'ai fait pareil au début, c'est normal.» Mais elle a beau insister, Julien refuse de faire un nouvel essai. Tout à coup, Alexandre dit à Anna Nas: «Regarde bien maintenant, je vais te montrer du jamais vu!» Et il se lance à la poursuite d'Eugénie.

Tout en courant, il hurle comme un fou:
«Un bisou, Eugénie, un bisou d'amour!»
«Non mais qu'est-ce qui lui prend?» demande Anna Nas.
«Je te l'avais dit, explique Charlotte, il est amoureux...»
«Comprends pas», dit Anna Nas.

«Un bisou d'amour! Un bisou d'amour!» répète sans arrêt Alexandre sans lâcher Eugénie qui se sauve en poussant des cris perçants.

«Il se croit malin, celui-là, mais c'est un vrai bêta!» dit Anna Nas à Charlotte, juste assez fort pour qu'Alexandre l'entende.

Au cours suivant, la maîtresse explique comment la Terre tourne autour du Soleil, et aussi sur elle-même. Et pourquoi Alexandre, Julien et tous les autres ne sont pas suspendus la tête en bas pour autant.
Ni la maîtresse, ni le concierge, ni le directeur non plus.
«Et pourquoi est-ce que tu ne le lui fais pas, son bisou d'amour?» murmure soudain Anna Nas à l'oreille d'Eugénie au plein milieu de cette explication.
«Quoi? fait Eugénie, à qui ça?»
«Ben à Alexandre, bien sûr, dit Anna Nas, puisqu'il le veut tellement!»
«Tu me prends pour une idiote?!» riposte Eugénie, outrée.

«Tu as déjà embrassé un garçon, toi?» demande Charlotte en riant sous cape. «Nooon, dit Anna Nas, et toi?» Toutes les trois pouffent de rire, puis Anna Nas entreprend d'aider Charlotte et Eugénie à couper des trous dans leurs chaussettes rouges, pour qu'elles ressemblent à la sienne.

«Eh bien, dit alors la maîtresse, maintenant je voudrais qu'Anna reprenne l'explication depuis le début.»

«Hahaha! lance Alexandre d'un ton moqueur. Elle ne saura pas! Elle ne saura pas! Elle n'écoutait pas, comme d'habitude, alors voilà!»
«Toi, tu parleras quand ce sera ton tour! l'interrompt la maîtresse. Voyons, Anna, je t'écoute…»

«Alors voilà… commence Anna
en se levant. Quand l’un tourne
autour de l’autre, c’est pour avoir…
…un bisou! Un bisou d’amour!»
Et à la surprise générale, elle se jette
sur Alexandre – et elle l’embrasse!
En plein sur la bouche!
En plein milieu du cours!
«Anna, arrête immédiatement!»
crie la maîtresse.
Mais Anna Nas continue.
Alexandre devient écarlate.
Il se débat comme un beau diable.
Mais rien à faire, Anna s’agrippe à lui.
«Encore! Encore!» hurle Matthieu.

Julien trépigne:
«Regardez sa tête! On dirait un ballon!
Elle va sûrement éclater!»

«Mords-le donc pour voir!»
hurle Eugénie.
Alexandre se débat de plus belle.
Cette fois, il est au bord des larmes.

Anna Nas regagne enfin sa place.
«C'est lui qui l'a voulu, dit-elle. Et puis moi aussi, je me demandais depuis longtemps comment c'était, un baiser.»
«Ah bon, dit la maîtresse,
et c'est comment?»

«Je ne le dirai pas, dit Anna Nas, demandez donc à Alexandre.»
La maîtresse toussote.
«Passons plutôt à autre chose.»
Alexandre a l'air soulagé.
En tout cas, il n'est plus aussi rouge que tout à l'heure.

«Nous allons faire une rédaction, décide la maîtresse. Une rédaction… sur les bisous! Au moins une page. Et nous en reparlerons demain.

Ce sera certainement très drôle.»
«Flûte alors, se lamente Julien,
j'aurais préféré m'entraîner
à faire des saltos!»

Dès que ça sonne, Alexandre rentre chez lui en courant.
«Et alors, qu'est-ce que tu as écrit?» demande Charlotte à Anna Nas.
Anna fait une petite moue:
«Que les bisous d'amour, ça a…
un petit goût d'ananas.»
Elles éclatent de rire toutes les deux.
Et comme Matthieu et Julien passent en hurlant à côté d'elles, Eugénie leur demande:
«Vous voulez qu'on vous embrasse, ou quoi?»
Cela suffit pour qu'ils prennent leurs jambes à leur cou. Anna Nas peut alors tranquillement aller manger une glace avec Charlotte et Eugénie.
Une glace au goût de fraise des bois.

À propos de l'auteur

Wolfram Hänel est né en Allemagne, à Fulda, en 1956. Il a fait des études d'anglais et d'allemand afin de devenir enseignant. Mais il a ensuite travaillé dans le théâtre et la publicité – et a finalement préféré le théâtre à l'école. Depuis il écrit des pièces et des livres pour enfants.
Wolfram Hänel vit aujourd'hui à Hanovre avec sa femme et sa fille qui a maintenant 9 ans. C'est pour elle qu'il a écrit cette histoire, et pour tous les autres enfants des «petites classes».

À propos de l'illustratrice

Christa Unzner est née en 1958 à Schöneiche près de Berlin. Elle rêvait d'être danseuse, mais a d'abord suivi une formation d'étalagiste avant de faire des études d'arts décoratifs. Depuis 1982, elle travaille comme illustratrice et publie surtout des albums et des livres pour enfants.
Elle vit toujours à Berlin, mais aime beaucoup les voyages et les contes, «Alice au pays des merveilles» tout particulièrement.

C'est moi qui lis

1 - Burny Bos / Hans de Beer
Famille Taupe-Tatin –
Ce n'est pas de la tarte!

2 - M. Busser & R. Schröder / H. de Beer
Papa Vapeur et la camionnette rouge

3 - Wolfram Hänel / Christa Unzner
Romuald et Julienne

4 - Gerda Wagener / Uli Waas
Il faut sauver la souris

5 - Krista Ruepp / Ulrike Heyne
Le cavalier de la nuit

6 - Ingrid Uebe / Alex de Wolf
Mélinda et la Sorcière des mers

7 - Burny Bos / Hans de Beer
Famille Taupe-Tatin - Tout va bien!

8 - Ursel Scheffler / Iskender Gider
Rinaldo fait les 400 coups

9 - Uli Waas
Lola a disparu

10 - Wolfram Hänel / Christa Unzner
Anna Nas,
une nouvelle pas comme les autres

11 - W. Kreye / J.-P. Corderoc'h
Le paysan et les brigands

12 - M. Busser & R. Schröder / H. de Beer
Le roi Bedon

13 - Wolfram Hänel / Alex de Wolf
Benjamin s'est égaré

14 - H. Krekeler / M. Rieper-Bastian
Jacquobarjoville

15 - Wolfram Hänel / Alan Marks
Balade irlandaise

16 - Burny Bos / Hans de Beer
Famille Taupe-Tatin –
Toujours plus haut!

17 - G.-M. Scheidl / C. Unzner
Loretta et la petite Fée

18 - W. Hänel / J.-P. Corderoc'h
L'ours et le pêcheur

19 - W. Hänel / J.-P. Corderoc'h
La famille ours

20 - Ursel Scheffler / Iskender Gider
Rinaldo fait encore des siennes

21 - Jürgen Lassig / Uli Waas
À la recherche de Nino-Dino

22 - Wolfram Hänel / Kirsten Höcker
Mia, le petit chat de la plage

23 - H. Krekeler / M. Rieper-Bastian
Colin-Maillard à Jacquobarjoville

24 - Wolfram Hänel / Alex de Wolf
Laura et le Dinosaure couleur
d'arc-en-ciel

25 - Ursel Scheffler / Christa Unzner
Un espion sous les toits

26 - Antonie Schneider / Uli Waas
L'invité-surprise

27 - Katja Reider / Angela von Roehl
Ras le pompon!

28 - Gerda Marie Scheidl / Gisela Dürr
Comme ça, comme si...

29 - U. Scheffler / R. Scholte van Mast
Le mystérieux ordinateur de Papy

30 - Gerda Wagener / Uli Waas
Le fantôme de l'école

31 - Krista Ruepp / Ulrike Heyne
Perdues dans la brume

32 - Wolfram Hänel / Monika Broeske
Les Bandits du Marais Maudit

33 - Ursel Scheffler / Iskender Gider
Rinaldo, le roi de la pizza

34 - H. Krekeler / M. Rieper-Bastian
Quel théâtre à Jacquobarjoville!

35 - A. Schneider / U. Mühlhoff
Chevalier Grognon

36 - Wolfram Hänel / Christa Unzner
Chapeau, Balthazar!

37 - W. Gruber / M. Rieper-Bastian
Le monde à l'envers

38 - Katja Reider / Angela von Roehl
Une sirène dans la baignoire

39 - Wolfram Hänel / Christa Unzner
Anna Nas embrasse Alexandre

Les enfants apprennent
à lire tout seuls
en s'amusant

Apprendre aux enfants
à lire avec plaisir,
leur faire aimer la lecture comme si c'était un je
tel est le souci des Éditions Nord-Sud
à travers la collection «C'est moi qui lis»
en format de poche.

Cette collection aide les plus jeunes
à découvrir la lecture par:

• un choix de thèmes
destinés aux lecteurs débutants:
des histoires où l'imagination, le rire et le suspe
font que les pages se tournent d'elles-mêmes;

• des textes clairement structurés;

• des illustrations en couleurs qui accompagnent l
de bout en bout et en facilitent la compréhensi

Éditions Nord-Sud